Sybille Rogaczewski-Nogai

Weben

mit Lissi und Lukas

OZ creativ

Über dieses Buch

Vielleicht hast du schon im Kindergarten eifrig gewebt und bunt gestreifte Deckchen selber gemacht. Dann weißt du schon, dass es gar nicht schwer ist, so ein Stück Stoff, man nennt es auch Gewebe, herzustellen.

Aber auch wenn du noch nicht weißt, wie es geht, ist Weben kein Problem: Im ersten Teil des Buches erkläre ich dir Webrahmen und Garn. Du lernst, wie du einen Rahmen bespannst und was du beim Durchfädeln der Fäden, also beim Weben, beachten musst. Natürlich erfährst du auch ganz genau, wie die Arbeit beendet wird.

Im zweiten Teil habe ich mir viele schöne Dinge ausgedacht, die du mit den gewebten Stücken herstellen kannst. Außerdem siehst du, wie du das einfache Weben verändern und so noch schöner machen kannst. Ich erkläre dir das Weben mit zwei Fäden, das Bildweben und das Weben mit ausgefallenem Material. Bestimmt hast du dann selbst noch viele eigene Ideen – das fände ich toll!

Ran an deinen Webrahmen!
Viel Spaß wünscht dir

Sybille Rogaczewski-Nogai

Inhaltsverzeichnis

Material 6

Werkzeug 7

Weben mit dem Schulwebrahmen 8

Weben mit dem Pappwebrahmen 12

Lieblingsbild 14

Finger-Monster 16

Wurf-Johnny 18

Schön umhüllt 22

Decke fürs Pferd 24

Glitzer-Haarband 28

Freundschaftskissen 30

Apfelernte 34

Schicker Gürtel 38

Trendiges Täschchen 42

Material

Es gibt viele Wollsorten und Bänder zum Weben und jede Menge hübsches Zubehör zur Verzierung und Fertigstellung deiner Webstücke.

Werkzeug

Wie du siehst, brauchst du außer dem Webrahmen noch einige andere Dinge, damit du schöne Sachen herstellen kannst.

Weben mit dem Schulwebrahmen

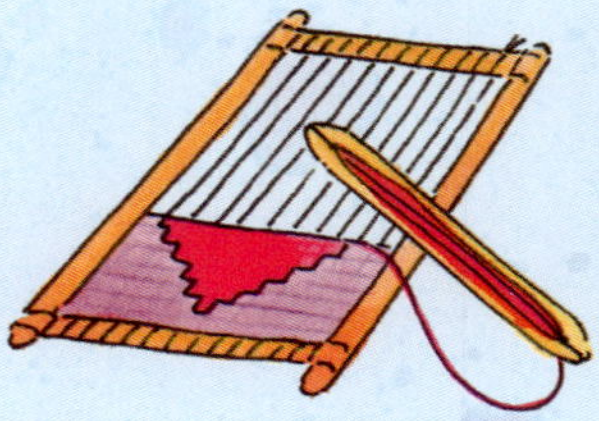

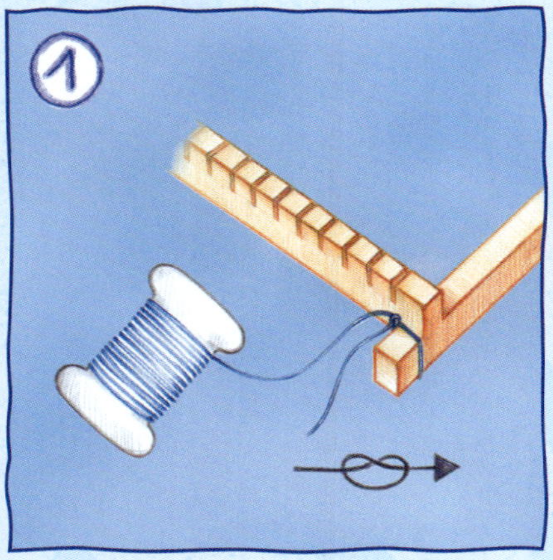

1. Zuerst spannst du die Kettfäden. Sie laufen über die ganze Länge des Webrahmens. Dazu nimmst du am besten reißfestes, dünnes Häkelgarn aus Baumwolle. Du wickelst den Anfang um die linke untere Ecke des Rahmens und machst dann einen Knoten.

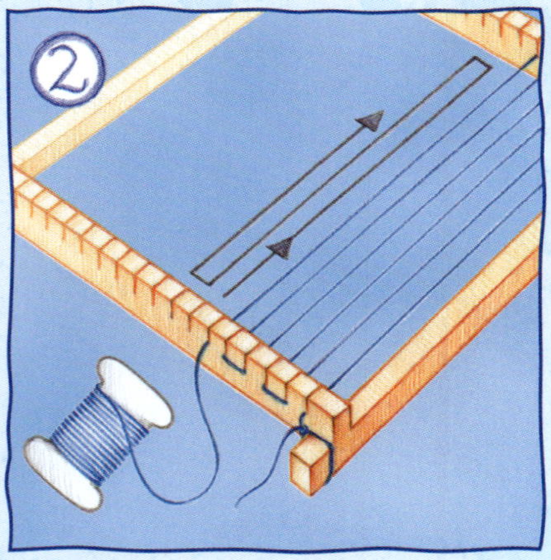

2. Spanne den Faden straff durch den ersten Schlitz über die Länge des Webrahmens und durch den gegenüberliegenden Schlitz. Dann durch den zweiten Schlitz zurück und so weiter, bis du so viele Kettfäden gespannt hast, wie deine Webarbeit breit werden soll. Das Ende des Fadens wickelst du jetzt um die rechte untere Ecke des Rahmens und knotest es dort fest.

3. Die beiden Metallstäbe für die Ränder legst du in die Schlitze mit dem ersten und dem letzten Kettfaden und schraubst sie fest. Sie verhindern, dass der Schussfaden dein Webstück so zusammenzieht, dass es von Reihe zu Reihe immer schmaler wird. Sind bei deinem Rahmen keine Metallstäbe dabei, kannst du auch feste Drähte verwenden, die ungefähr 2 cm länger sind als der Webrahmen.

4. Nun brauchst du den Schussfaden. Das ist ein langer Faden, der in Querrichtung durch die Kettfäden gewebt wird. Dafür kannst du jede Art von Wolle und Garn in verschiedenen Stärken nehmen. Fädele den Faden in eine Webnadel, oder wickle den Faden auf das Webschiffchen.

5. Unten links an deinem Rahmen fängst du nun an und schiebst die Webnadel oder das Webschiffchen unter dem äußeren Kettfaden und dem Metallstab durch, dann über den zweiten Faden drüber, schiebst wieder unter dem dritten durch, führst über den vierten drüber und so weiter. Am Ende ziehst du den Faden so weit nach, dass am Anfang ein Stück hängen bleibt. Die Metallstäbe werden jeweils mit den äußeren Kettfäden verwebt, das bedeutet, du tust so, als wären sie der erste oder letzte Kettfaden.

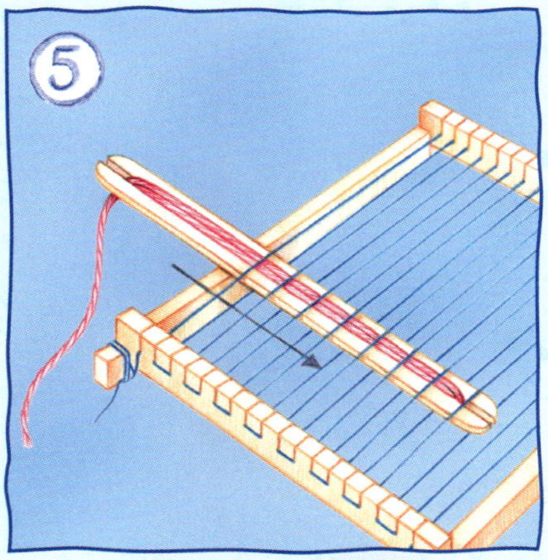

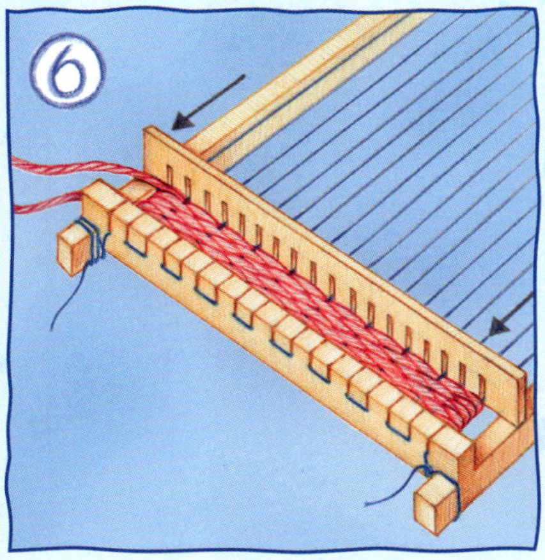

6. Mit einem Webkamm, einem besonders breitzinkigen Kamm, schiebst du den Schussfaden nach unten. Das machst du nach jeder Reihe, die du gewebt hast.

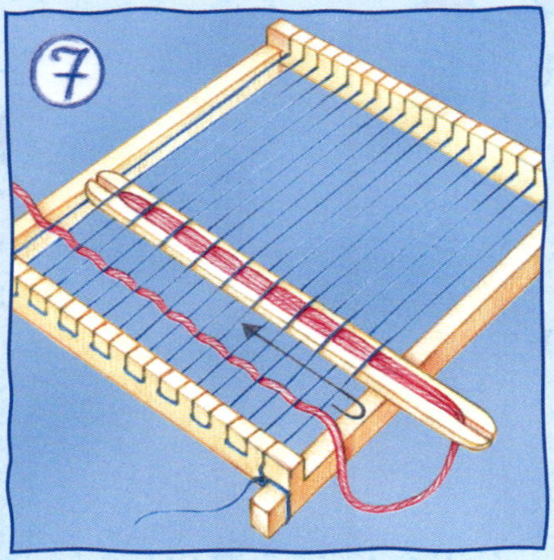

7. Bei der zweiten Reihe musst du nun aufpassen, dass du versetzt arbeitest. Das heißt, du webst in umgekehrter Richtung, von rechts nach links zurück. Dabei überspringst du die Fäden, unter denen du vorher die Webnadel oder das Schiffchen durchgeschoben hast und schiebst die Nadel unter den Fäden durch, die du in der ersten Reihe übersprungen hast.
Webe auf diese Weise Reihe um Reihe, bis dein Stück groß genug oder der Rahmen voll ist.

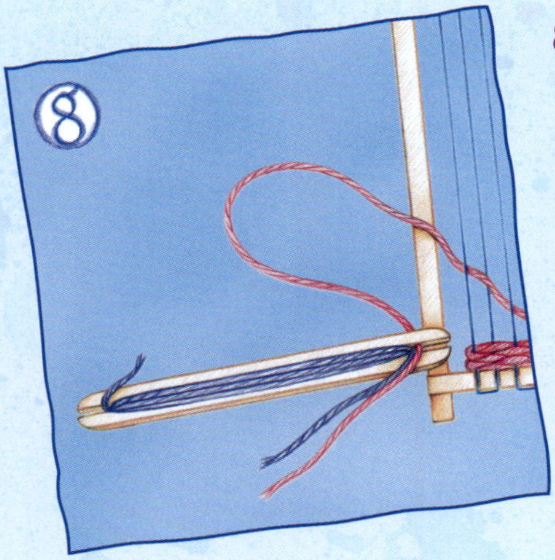

8. Wenn dein Schussfaden zu Ende ist, legst du das Ende des Fadens einige Zentimeter neben einem neuen Faden um das Schiffchen. Oder du fädelst den alten und den neuen Faden nebeneinander in die Webnadel. So werden die beiden ein Stück weit zusammen verwebt und sind damit gleich befestigt. Die kurzen losen Enden schneidest du einfach ab.
Du kannst Anfang und Ende auch verknoten und die Enden vernähen.

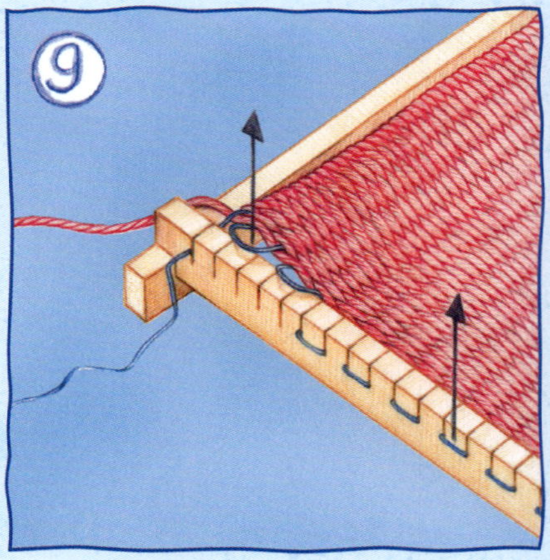

9. Das fertige Gewebe nimmst du vom Rahmen, indem du die Schlaufen der Kettfäden und die Metallstangen nach oben aus den Schlitzen hebst. Die Stangen ziehst du dann einfach heraus.

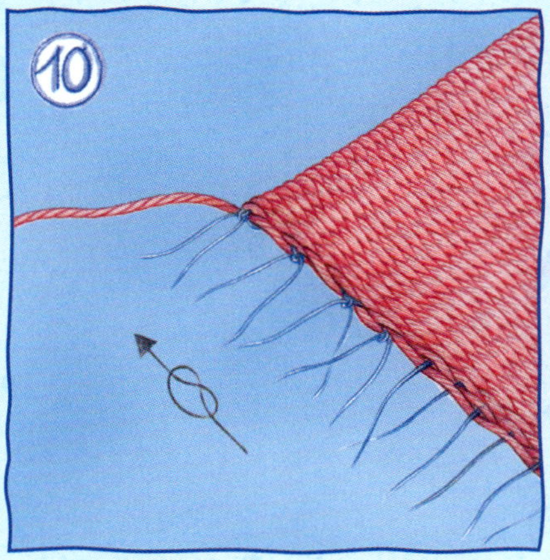

10. Hast du bis zum oberen Rand des Holzrahmens gewebt, hast du geschlossene Schlaufen und musst hier nur Anfang und Ende des Kettfadens vernähen. Beendest du das Gewebe schon in der Mitte, verknotest du die Kettfäden immer zu zweit dicht am Gewebe.

11. Lose Fadenenden müssen vernäht werden, wenn das Webteil nicht auf eine Unterlage geklebt wird. Fädele dazu dein loses Fadenende in eine stumpfe Sticknadel. Nun stichst du senkrecht in das Gewebe. Du siehst die Nadel dabei nicht auf der Vorderseite und auch nicht auf der Rückseite, sie verschwindet im Gewebe. Ziehe Nadel und Faden nach einigen Zentimetern heraus und stich ungefähr 1 cm daneben wieder durch das Gewebe zurück. Ziehe den Faden durch und schneide den Rest ab.

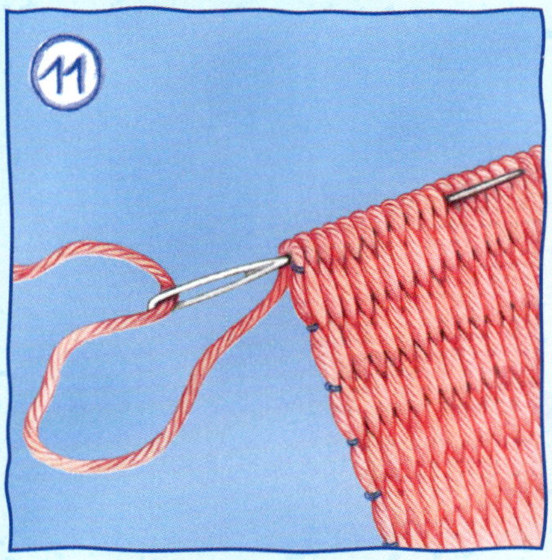

Info: Manche Schulwebrahmen haben einen „Wendekamm", mit dem Kettfäden hoch- und herunterbewegt werden können. Es entsteht ein Zwischenraum, durch den du die Webnadel oder das Schiffchen mit dem Schussfaden auf einmal durchschieben kannst, so musst du mit dem Schussfaden nicht immer über und unter den einzelnen Kettfäden hindurch.

Weben mit dem Pappwebrahmen

1. Zuerst spannst du die Kettfäden. Dazu nimmst du am besten reißfestes, dünnes Häkelgarn aus Baumwolle. Halte den Fadenanfang mit der linken Hand fest, bis du einige Fäden gespannt hast. Spanne den Faden durch den ersten Schlitz über die Vorderseite bis zum gegenüberliegenden Schlitz und weiter auf der Rückseite nach oben zum oberen zweiten Schlitz und so weiter, bis die Kettfäden insgesamt so breit gespannt sind, wie deine Webarbeit werden soll.

2. Anfang und Ende des Fadens führst du auf der Rückseite des Rahmens diagonal zusammen und verknotest sie fest.

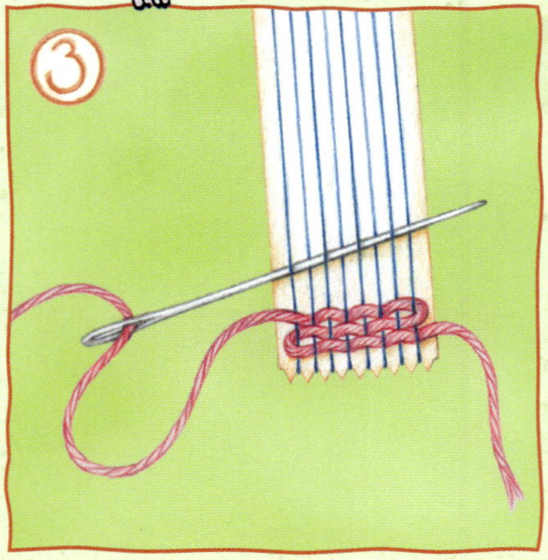

3. Das Weben auf dem Papprahmen geht genauso wie beim Holzrahmen: Du fädelst den Schussfaden in eine Webnadel oder wickelst ihn auf ein Webschiffchen. Du beginnst unten an deinem Rahmen und schiebst die Nadel oder das Schiffchen links unter dem äußeren Kettfaden durch, über den zweiten Faden drüber, schiebst unter dem dritten durch, gehst über den vierten drüber und so weiter. Am Ende ziehst du den Faden so weit nach, dass am Anfang ein Stück hängen bleibt. So webst du Reihe um Reihe bis dein Stück groß genug oder der Rahmen voll ist.

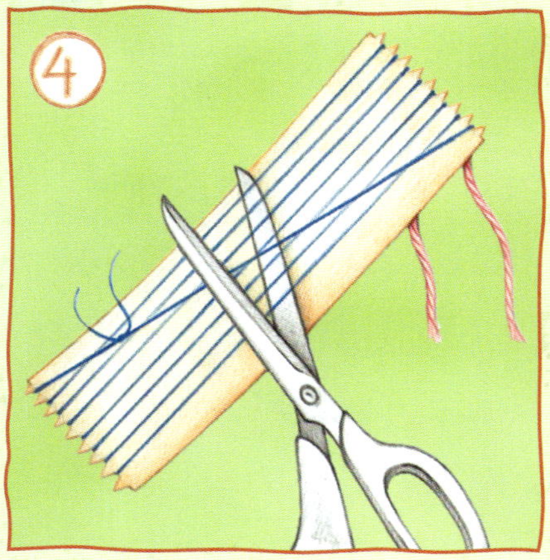

4. Dann nimmst du das fertige Gewebe vom Papprahmen ab. Dazu schneidest du die Kettfäden auf der Rückseite in der Mitte quer durch.

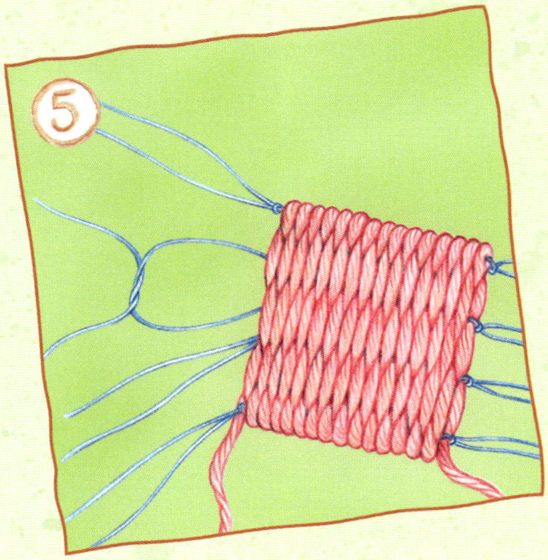

5. Beim Gewebe vom Papprahmen verknotest du immer die beiden nebeneinanderliegenden Kettfäden direkt am Gewebe. Wenn du diese Fäden als Fransen hängen lassen möchtest, kürze sie alle auf die gleiche Länge.

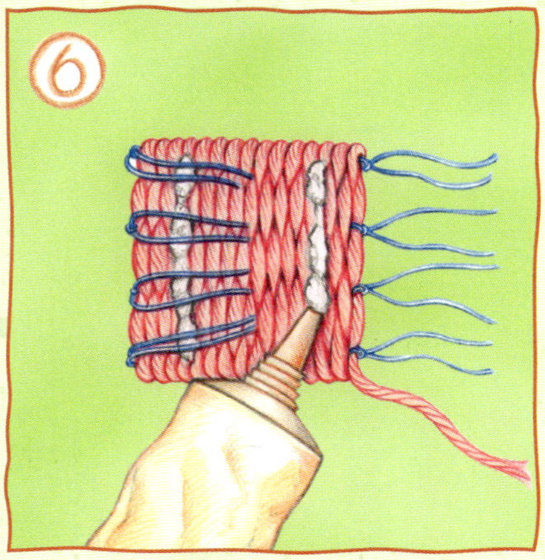

6. Klebst du das Gewebe auf, kannst du die Fransen nach hinten umklappen und festkleben.

Tipp: Papprahmen gibt es in unterschiedlichen Größen, z. B. 6 x 20 cm oder 11 x 18 cm, und sogar in Rund. Du kannst immer einen großen Papprahmen nehmen und nur so viele Kettfäden spannen, wie du brauchst. Du kannst dir aber auch selbst einen aus festem Karton oder Graupappe zuschneiden, an zwei gegenüberliegenden Rändern Zacken einschneiden, vielleicht mit einer großen Zackenschere.

Lieblingsbild

Mit einem einfachen Pappwebrahmen und ein paar Knöpfen oder Perlen kannst du ein tolles Bild in deinen Lieblingsfarben gestalten.

Das brauchst du:

- Pappwebrahmen, 6 x 20 cm
- Keilrahmen, 15 x 15 cm
- Wolle
- Knöpfe, Perlen, Strass, Häkelspiegel
- Alleskleber
- Acrylfarbe

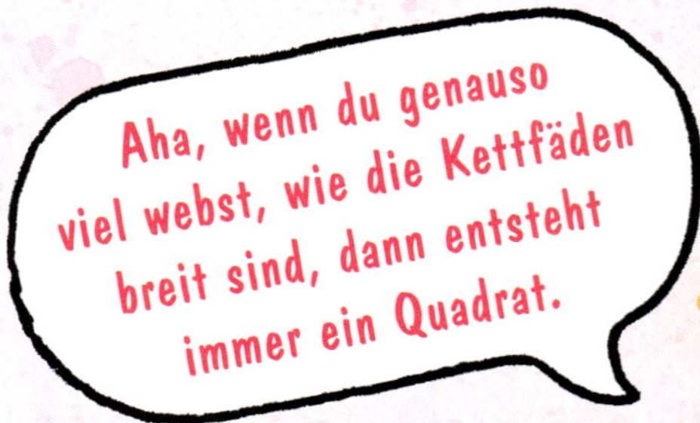

So geht's:

1. Spanne auf deinen Pappwebrahmen acht Fäden, das ergibt etwa 4,5 cm Webbreite, und webe 4,5 cm hoch. Wie du den Papprahmen bespannst und damit webst, kannst du auf Seite 12 nachlesen.

2. Schneide die Kettfäden hinten durch und verknote am oberen und unteren Rand jeweils zwei nebeneinanderliegende Kettfäden direkt am Gewebe. Wie das geht, wird auf Seite 13 auf den Bildern 4 und 5 ganz genau gezeigt. Fertige nun noch drei weitere Quadrate in passenden Farben.

Was klebst du auf deine kleinen Webquadrate? Lass deine Fantasie spielen ...

3. Male den Keilrahmen in einer passenden Farbe an, und lass die Farbe gut trocknen.
Nun klebst du die Webquadrate in gleichem Abstand zueinander auf den Keilrahmen. Die losen Kett- und Schussfäden versteckst du beim Aufkleben auf der Rückseite. Während das Bild trocknet, kannst du es mit einem dicken Buch beschweren.
Klebe auf die Webquadrate Knöpfe, Pailletten, Strasssteine oder Perlen.

Finger-Monster

Die kleinen Monster kannst du auf deine Finger, aber auch auf dicke Stifte oder Blumenstäbe setzen.

Das brauchst du:

- Pappwebrahmen oder Schulwebrahmen
- Wolle
- Fransenwolle
- Pompon, bis 2 cm Durchmesser
- Filz
- Wackelaugen, 5 bis 10 cm Durchmesser
- Textilkleber
- Nähnadel, Nähgarn

So geht's:

1. Bespanne deinen Webrahmen etwa 9 cm breit. Wie das auf dem Schulwebrahmen geht, siehst du auf den Seiten 8 und 9. Wie du den Papprahmen bespannst, ist auf Seite 12 zu sehen. Nun webst du 5 cm mit Fransengarn, dann knotest du ein glattes Garn ans Ende des Fransengarns und webst noch einmal 3 cm.

2. Nimm das Gewebe vom Rahmen. Weißt du noch, wie das geht? Wenn du einen Schulwebrahmen hast, dann schau doch mal auf Seite 10. Arbeitest du mit einem Papprahmen, dann findest du es auf Seite 13 erklärt.
Die oberen Kettfäden nimmst du alle zusammen und machst einen großen Knoten. Kürze die Fäden etwas mit der Schere ein.
Hast du auf dem Pappwebrahmen gewebt, verknotest du an deinem Webstück die unteren Fäden immer zu zweit, wie auf Seite 13 in Bild 5 gezeigt.

3. Nähe die offene Seite mit Überwendlichstichen zu. Dazu legst du die Kanten dicht nebeneinander und stichst mit der Nadel schräg von einer zur anderen. Blättere mal auf Seite 27. In Bild 7 kannst du das Nähen mit Überwendlichstichen genau sehen.
Klebe einen Pompon als Nase auf und Wackelaugen, sie dürfen ruhig unterschiedlich groß sein, das sieht besonders witzig aus, findest du nicht? Du kannst auch Nasen aus Filzhalbkreisen, die du zu kleinen Tüten zusammenklebst, anfertigen und aufkleben.

Wenn du gleich mehrere Monster webst, können deine Freunde auch mitspielen.

Wurf-Johnny

Johnny liebt das Fliegen. Er ist so knuffig, dass du ihn locker werfen und fangen kannst.

Das brauchst du:

- Schulwebrahmen
- Wolle in verschiedenen Farben
- Filz
- Reis oder Linsen
- Nähnadel
- Stopfnadel
- Textilkleber

So geht's:

1. Bespanne deinen Webrahmen 8 cm breit. Wickle einen 100 bis 150 cm langen Faden um das Schiffchen und verwebe den Faden. Alle Fäden, die du webst, sollen ungefähr gleich dick und gleich lang sein.

2. Soll dein Wurf-Johnny wie hier Streifen in zwei Farben bekommen, benutzt du einfach zwei Schiffchen und wickelst auf jedes eine der Farben. Dann webst du immer abwechselnd vier Reihen, ohne die Fäden zwischen den Streifen abzuschneiden. Oder du lässt jeweils ein Stück Faden am Anfang und am Ende hängen, verknotest sie nach dem Weben miteinander und vernähst sie.

Durch die tolle bewegliche Füllung und die lustigen Fransen macht es einfach Spaß, Johnny hin- und herzuwerfen.

3. Nach etwa 18 cm nimmst du dein Webstück ab und verknotest die oberen Kettfäden miteinander. Dann klappst du die beiden Schmalseiten zusammen.

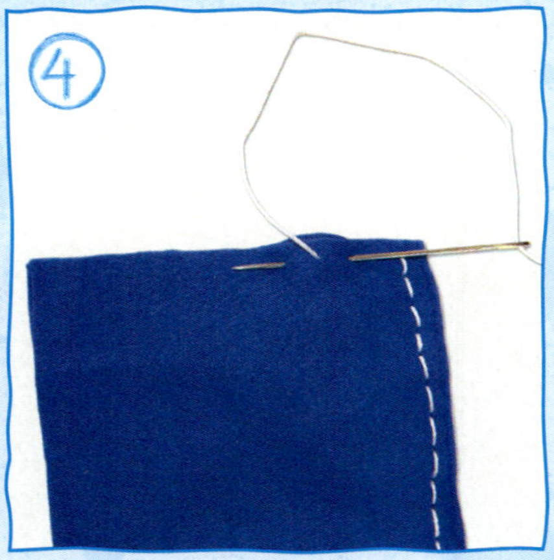

4. Für das Innensäckchen schneidest du aus Filz zwei Vierecke zu, die genauso groß sind wie das zusammengeklappte Webstück. Nähe die beiden Filzstücke mit Steppstichen aufeinander: Arbeite von rechts nach links. Stich von unten durch beide Vierecke nach oben aus und stich rechts davon nach einigen Millimetern wieder ein. Nun stichst du nach links gehend mit doppelter Stichlänge aus und führst die Nadel wieder zur letzten Austrittstelle zurück – deshalb werden diese Stiche auch Rückstiche genannt. Näh das Säckchen aber nicht ganz zu, sondern lass einige Zentimeter offen.

5. Jetzt füllst du das Säckchen an der offenen Stelle mit Hilfe eines Trichters zur Hälfte mit Linsen oder Reis. Dann schließt du es ganz mit Steppstichen und vernähst anschließend den Faden. Nimm das zusammengeklappte Webstück wieder zur Hand und nähe zwei Seiten mit Steppstichen zu. Auf Bild 4 siehst du, wie das geht. Stecke das gefüllte Säckchen hinein und nähe auch die letzte Seite des Webstücks zu. Vergiss nicht, den Faden zu vernähen!

6. Ziehe mit einer dicken Stopfnadel 15 cm lange Fäden durch den Rand und verknote sie. Du kannst eine, drei oder alle Seiten auf diese Weise mit Fransen versehen. Schneide aus Filz zwei große weiße und zwei kleinere blaue Kreise aus und klebe diese als Augen auf. Die weißen Kreise dürfen unterschiedlich groß sein, das sieht lustig aus.
Wenn du magst, kannst du im Steppstich einen Mund aufnähen. Weißt du noch, wie der Steppstich geht? Lies einfach auf der linken Seite bei Schritt 4 noch einmal nach.

Schön umhüllt

Wer sagt denn, dass in diese Vase Blumen gehören – sie ist auch für viele andere Kleinigkeiten praktisch, zum Beispiel für Stifte.

Das brauchst du:

- Schulwebrahmen
- Wolle (glatt, mit Fransen, mit Noppen) im gleichen Farbton
- Glas, Flasche oder Windlicht, 5 bis 7 cm Durchmesser, 10 bis 14 cm hoch
- Holzperlen
- Alleskleber

So geht's:

1. Bespanne deinen Holzrahmen in voller Breite, wie auf Seite 8 beschrieben. Suche dir verschiedene Fäden (glatt, mit Fransen und mit Noppen) im gleichen Farbton aus und webe Streifen. Ist ein Faden zu Ende, verknote das Ende einfach mit dem Anfang des nächsten Fadens. Nimm einen Faden, lege ihn um deine Glasvase herum. Wenn du den Faden nun abmisst, weißt du, wie hoch du weben musst. Das Webstück wird dann quer um die Vase geklebt. Dabei ist es nicht wichtig, dass das Gewebe die Vase ganz umschließt, es sieht ganz witzig aus, wenn eine Lücke bleibt.

2. Verknote nach dem Abnehmen des Gewebes je zwei der Kettfäden miteinander und kürze diese auf etwa 3 cm.

Diese Vasen haben nicht nur ein schickes Kleid, sondern auch einen tollen Gürtel aus Perlen.

3. Klebe nun dein Webstück so um die Vase, dass alle Kettfadenenden und Knoten auf die Rückseite geklebt werden.
Ziehe Holzperlen auf einen Faden und wickle diesen einmal oder mehrmals um das Gewebe. Den Anfang des Fadens klemmst du, solange du wickelst, mit einer Wäscheklammer am Glasrand fest. Verschiebe dabei die Perlen gleichmäßig. Verknote Anfang und Ende des Fadens und klebe den Knoten unter eine Perle.

Decke fürs Pferd

Eine richtig hübsche Decke für dein Pferdchen. Du hast gar keines? Dann nähst du ruck, zuck eines!

Das brauchst du:

- Schulwebrahmen
- Wolle in verschiedenen Farben
- 2 Filzstücke, DIN A4
- 2 Wackelaugen, 10 mm Durchmesser
- Filz in Schwarz
- Textilkleber
- stumpfe Stopfnadel
- spitze Stopfnadel
- Nähnadel, Nähgarn
- Häkelnadel
- Schaumstoffwürfel oder Füllwatte

So geht's:

1. Bespanne deinen Holzrahmen 10 cm breit, wie auf Seite 8 erklärt, und webe einen einfarbigen Streifen.
Für den nächsten Streifen nimmst du zwei Fäden in verschiedenen Farben (etwa 120 cm lang) und verwebst diese zusammen.
Nimm für jeden Streifen zwei verschiedene Farben, lass die Enden an der Seite hängen. Am Schluss webe wieder einen einfarbigen Streifen.

Hier verwebst du Wolle in vielen verschiedenen Farben – das macht Spaß!

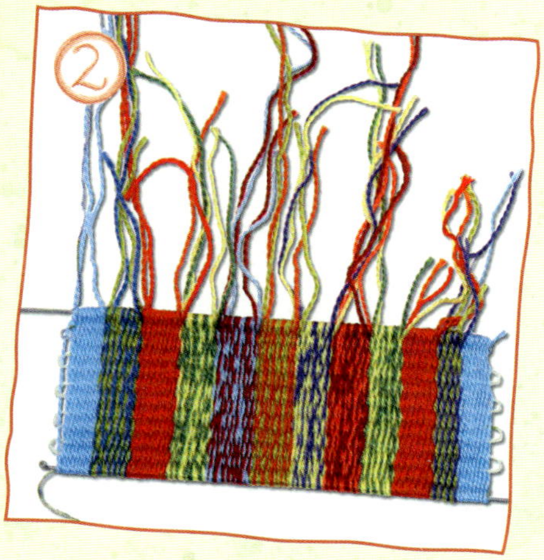

2. Nimm das Gewebe vom Rahmen und zieh die Metallstäbe heraus. Erinnerst du dich an alles? Sonst schau noch einmal auf Seite 10, dort ist alles erklärt. Verknote die nebeneinanderliegenden Doppelfäden und vernähe sie.

3. Fädle in die stumpfe Stopfnadel je zwei Fäden von etwa 15 cm Länge und ziehe damit Fransen an der Schmalseite deines Webstückes ein, am besten in die Schlaufen der Kettfäden. Verknote die Fransen und schneide alle auf die gleiche Länge. Das machst du an der anderen Schmalseite genauso.

4. Für das Pferdchen fertigst du eine Schablone. Dazu vergrößerst du die Vorlage auf einem Fotokopierer auf 200 Prozent, klebst sie auf dünne Pappe und schneidest sie aus. Dann legst du sie auf den Filz (zwei Filzstücke aufeinander) und umfährst sie mit Bleistift. Schneide einen halben Zentimeter außerhalb dieser Linie aus, achte darauf, dass die beiden Filzstücke nicht verrutschen.

5. Nähe das Pferd auf der Bleistiftlinie mit Steppstichen zusammen. Wie das geht, kannst du auf Seite 20 in Bild 4 sehen. Lass den Rücken aber offen, vernähe Anfang und Ende des Fadens.

6. Wende das Pferdchen und stopfe es mit Schaumstoffwürfeln oder Füllwatte aus.

7. Nähe den Rücken des Pferdchens nun mit Überwendlichstichen zu. Dazu legst du die Kanten dicht nebeneinander, stichst mit der Nähnadel nah an der Kante ein und führst sie schräg durch die gegenüberliegende Kante aus. Dann stichst du einige Millimeter weiter wieder schräg ein und so weiter. Der Faden legt sich dabei außen um die Kanten.

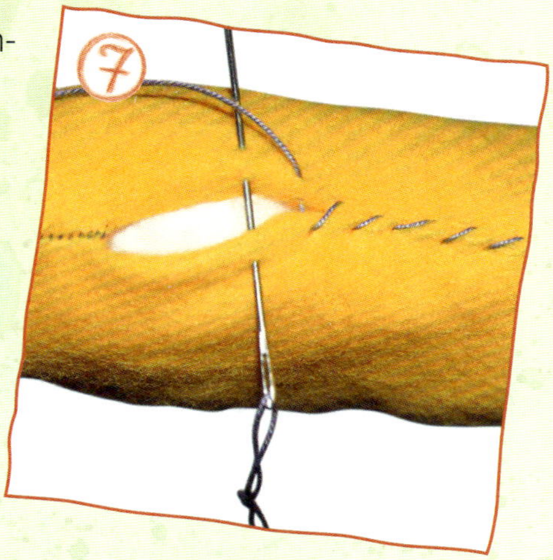

8. Für die Mähne fädelst du 15 cm lange Fäden in die spitze Stopfnadel, ziehst sie an der Nackennaht zur Hälfte durch und verknotest sie. Für den „Pony“ nimmst du zwei Doppelfäden, für den Schweif fünfzehn 20 cm lange Doppelfäden.
Schneide aus schwarzem Filz zwei Nüstern und einen 6 cm langen Streifen für das Maul aus und klebe sie ebenso wie die Wackelaugen auf.

Glitzer-Haarband

**Du möchtest dich richtig schick machen?
Dann webe dir doch ein glitzerndes Haarband.**

Das brauchst du:

- Schulwebrahmen
- Glitzergarn
- Wolle in Lila
- Plusterstift in Glitzergrün
- 15 Holzperlen „Blütenscheiben“ in Flieder und Pink, 9 mm
- Gummikordel oder Gummiband
- Bastelkleber
- Nähgarn, Nähnadel
- Maßband

So geht's:

1. Bespanne deinen Webrahmen mit sechs Fäden. Wie das geht, ist ganz genau auf Seite 8 erklärt. Wickle auf das Webschiffchen zusammen einen lila Faden und einen Glitzerfaden und verwebe sie zusammen. Wenn der Webrahmen fast voll ist, kommst du mit dem Schiffchen nicht mehr durch, dann nimmst du für die letzten Zentimeter bis zum oberen Rand eine Webnadel.

2. Hast du das Gewebe abgenommen, wie auf Seite 10 beschrieben, malst du mit dem Glitzer-Plusterstift eine Ranke auf das Band. Lass die Farbe gut trocknen.

Du entscheidest, was du auf dein Haarband klebst – Perlen, Knöpfe oder Pailletten.

3. Klebe die Holzblumen mit Bastelkleber auf. Lass dir helfen, deinen Kopfumfang zu messen – und zwar da, wo das Haarband sitzen soll. Dein Kopfumfang ist größer als das Webstück, deshalb überbrückst du die fehlenden Zentimeter mit Gummiband. Das wird auf jeder Seite mindestens 3 cm unter dem Haarband festgenäht. Du kannst ein breites Gummiband oder drei schmale Stücke verwenden.

Freundschaftskissen

Ob du ein Kissen mit Fisch, Herz oder Blume webst, bestimmst du. Du musst nur das passende Bild malen.

Das brauchst du:

- Schulwebrahmen
- Wolle
- Wackelauge, 8 mm Durchmesser
- Filz in Türkis, 30 x 15 cm
- Nähnadel
- Nähgarn
- spitze Stopfnadel
- Füllwatte

So geht's:

1. Bespanne deinen Webrahmen mit zwölf Kettfäden, verknote Anfang und Ende miteinander. Blättere am besten noch einmal auf Seite 8, dort findest du alles erklärt. Male nun ein 9 x 9 cm großes Bild mit einem Fisch in der Mitte. Du kannst dein Bild neben den Webrahmen legen oder direkt unter die gespannten Kettfäden schieben.

2. Webe zuerst den unteren Rand (1 bis 2 cm) des Bildes. Dann webst du den Umriss des Fisches mit doppeltem Faden ein.

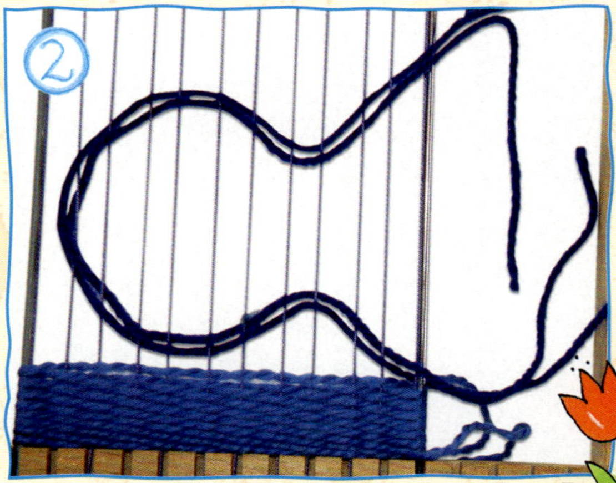

Dieses Freundschaftskissen ziert ein Bild, das „mit Wolle gemalt" ist.

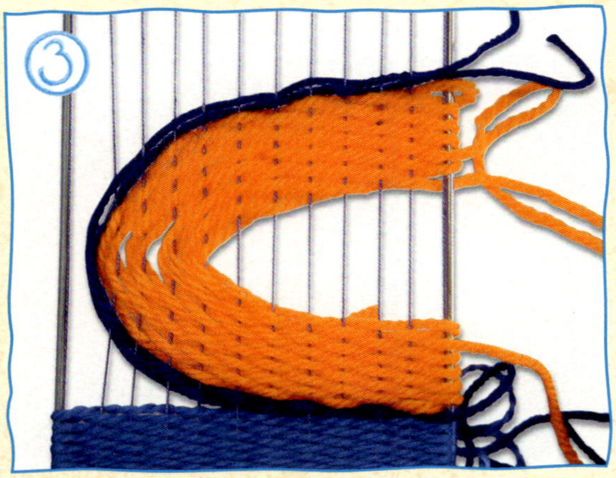

3. Jetzt füllst du den Fisch aus. Du kannst ihn waagerecht ausweben oder wie hier im Bogen vom Umriss von außen nach innen.

4. Achte beim Weben des Fisches darauf, dass die Fäden am Ansatz der Schwanzflosse stärker zusammengeschoben werden als im Fischbauch.
Jetzt webst du den Hintergrund. Wenn du auf den Fisch triffst, webst du den Faden einmal um den Kettfaden direkt am Fischumriss und dann wieder zurück und so weiter. So füllst du den Zwischenraum, und es entstehen keine Lücken zwischen den Farben.

5. Ist dein Bild fertig, nimm es vom Rahmen, verknote die Kettfäden und vernähe alle losen Fäden oder klebe sie auf die Rückseite. Schau ruhig noch einmal auf Seite 13, Bild 6, nach, wie das geht.
Jetzt schneidest du aus Filz zwei Quadrate von 15 x 15 cm aus, klebst dein Bild mit etwas Textilkleber in die Mitte des einen Quadrats und nähst es rundum mit Überwendlichstichen fest. Wie das geht, kannst du schnell auf Seite 27, Bild 7, nachsehen.

6. Dann zeichnest du mit einem Buntstift 1 cm vom Filzrand entfernt eine Linie. Auf dieser nähst du die beiden Filzquadrate mit Steppstichen (Nähfaden) zusammen, die findest du auf Seite 20, Bild 4. Lass auf einer Seite etwa 8 cm offen, stopfe das Kissen mit Füllwatte aus und nähe die Lücke mit Steppstichen zu. Zum Schluss klebst du das Auge auf.

Apfelernte

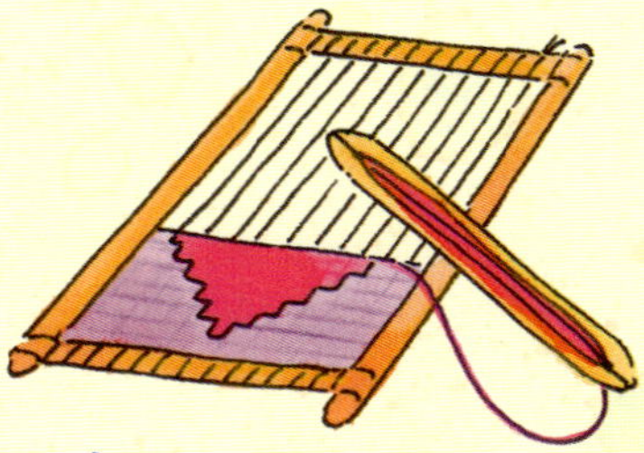

Bilder kannst du fotografieren, malen, kleben – hier ist eines, das du weben kannst.

Das brauchst du:

- Schulwebrahmen
- Wolle in verschiedenen Farben
- Bilderrahmen, 9 x 13 cm
- Tonkarton in Gelb, 10 x 15 cm

So geht's:

1. Bespanne deinen Webrahmen mit 12 Kettfäden, verknote Anfang und Ende miteinander. Blättere am besten noch einmal auf Seite 8, dort findest du alles erklärt. Male ein 9 x 9 cm großes Bild mit einem Baum in der Mitte. Du kannst dein Bild neben den Webrahmen legen oder direkt unter die gespannten Kettfäden schieben.

So ein schönes Bild weben – das kannst du auch.

2. Webe zuerst den unteren Rand der Wiese. Dann webst du dein Motiv: Der Baum wird von unten, also beim Stamm beginnend, aufgebaut.

3. Jetzt webst du die Äpfel ein. Für einen Apfel webst du einen roten Faden immer über zwei Kettfäden und über fünf Reihen. Anfang und Ende des Fadens verknotest du auf der Rückseite.

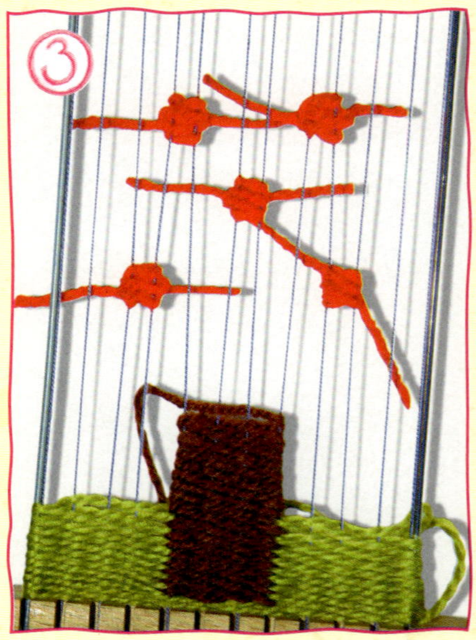

4. Nun webst du die Baumkrone. Dafür fängst du auf dem Stamm an und webst einfach unter den Äpfeln durch.

5. Arbeite den Hintergrund, triffst du auf den Baum, webst du den Faden einmal um den Kettfaden direkt am Baumumriss und dann wieder zurück und so weiter. So füllst du den Zwischenraum, und es entstehen keine Lücken zwischen den Farben.
Nimm das Bild vom Rahmen, verknote die Kettfäden, vernähe die losen Fäden oder klebe sie auf die Rückseite. Schneide in den Tonkarton eine Öffnung, die rundum einen halben Zentimeter kleiner ist als dein Webbild. Streiche etwas Textilkleber auf die Rückseite des Kartons und klebe ihn so auf das Webbild, dass der Baum durch die Öffnung schön zu sehen ist. Nun kannst du es in den Bilderrahmen einlegen.

Schicker Gürtel

Gehst du mit der Mode? Dann webe dir doch so einen angesagten Gürtel in fröhlichen Farben.

Das brauchst du:

- Schulwebrahmen
- Geschenkbänder und Borten
- Baumwollgarn
- etwa 80 Holzperlen, 0,5 bis 1 cm Durchmesser
- Filz, 10 x 21 cm
- Bastelkleber
- Wäscheklammern
- dicke, stumpfe Stopfnadel

So geht's:

1. Sammle Geschenkbänder und Borten, die ganz unterschiedlich breit und verschieden gemustert sein dürfen. Sie sollten nur farblich zueinander passen.

2. Bespanne deinen Webrahmen rechts und links außen jeweils mit acht Kettfäden (Baumwollgarn).

3. Schneide von den Bändern jeweils 25 cm lange Stücke ab (das sind 6 cm mehr als der Webrahmen breit ist). Schiebe die Bandstücke von Hand und jeweils von rechts nach links in Webtechnik durch die beiden gespannten Kettfadenstreifen, bis der Rahmen voll ist.

Diesen Gürtel webst du mit breiten Geschenkbändern und Borten, das geht ganz fix.

4. Nimm das Gewebe vom Rahmen.

5. Drehe das Webteil mit der Vorderseite nach unten und klebe die rechts und links überstehenden Bänderenden über die äußeren Kettfäden. Bis der Kleber getrocknet ist, befestigst du die Bänderenden mit Wäscheklammern.

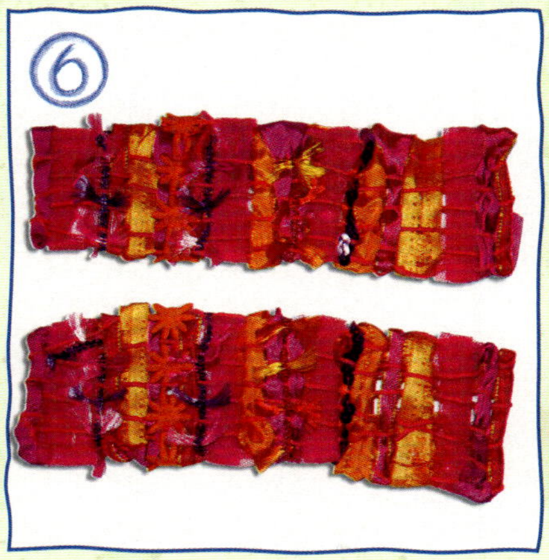

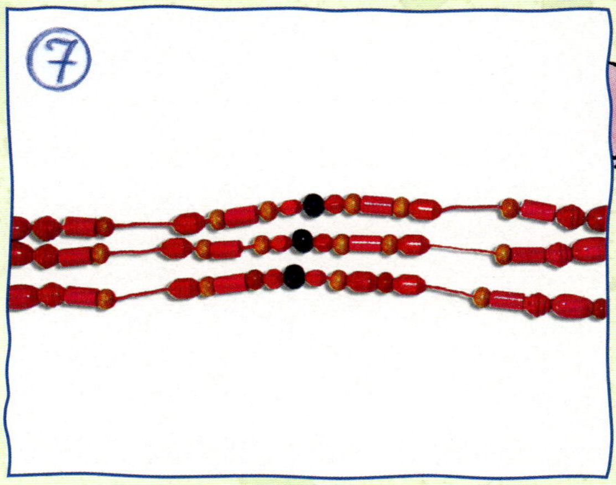

6. Schneide die Bänder nun genau in der Mitte zwischen den beiden Kettfadenstreifen auseinander und klebe wie vorher auch diese Bänderenden über den äußeren Kettfaden.

7. Schneide vom Baumwollgarn drei Fäden ab, die 60 cm länger sind als dein Hüftumfang. Fädle mit Hilfe der Stopfnadel auf jeden Faden zehn Perlen, dann die Mittelperle und schließlich noch mal zehn Perlen in umgekehrter Reihenfolge.

8. Lege die drei Fäden so über die Rückseiten der Webstreifen, dass jeweils die mittleren elf Perlen mittig zwischen den Streifen liegen und die restlichen Perlen außen neben den Streifen. Schneide zwei Filzstreifen aus, die rundum einen halben Zentimeter kleiner sind als die Webstreifen.

9. Klebe diese Filzstreifen auf die Rückseite der Gewebe und damit auch über die Baumwollfäden. Zum Trocknen steckst du alles mit Wäscheklammern fest.

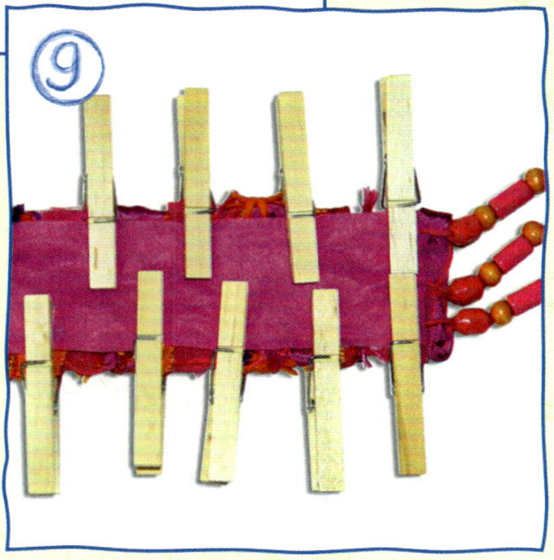

10. Fasse auf jeder Seite die drei Fäden zusammen und verknote sie zusammen. Auf die drei Fäden fädle mit Hilfe der Stopfnadel weitere Perlen und befestige sie mit Knoten. Die letzte Perle klebst du auf einem Knoten fest: Erst den Knoten machen, dann Kleber auf den Knoten geben und die Perle darüberschieben. Ende abschneiden.

Trendiges Täschchen

Für diese hübsche Tasche verwebst du Geschenkbänder in unterschiedlichen Breiten, aber in ähnlichen Farbtönen.

Das brauchst du:

- Schulwebrahmen
- Flechtnadel
- Kordel in Grün, 1 mm Durchmesser
- Geschenkbänder in Grün oder Grün gemustert, 5 bis 25 mm breit
- Kordel in Hellgrün, 2 bis 3 mm Durchmesser
- Filz in Hellgrün, 13 x 45 cm
- Tacker
- Alleskleber

So geht's:

1. Bespanne deinen Webrahmen mit grüner Kordel. Erinnerst du dich noch, wie das geht? Schau auf Seite 8 nach.
Fädle die Geschenkbänder in eine Flechtnadel und webe genauso wie mit Wolle. Achte darauf, dass sich das Band nicht verdreht, sondern glatt zwischen den Kettfäden liegt. Breite Bänder webst du mit den Fingern ein. Ist der Rahmen bis oben gefüllt, nimmst du das Webstück ab.
Webe nun noch ein zweites Stück.

Hier sind kleine Kostbarkeiten und Geheimnisse sicher aufbewahrt.

2. Damit die Kanten gerade werden, klebst du an beiden Webteilen rechts und links die überstehenden Enden auf die Rückseite. Lege beide Teile mit den Vorderseiten aufeinander und tackere sie an einer schmalen Seite zusammen, sodass ein langes Stück entsteht. Schneide den Filz für das Futter so zu, dass er auf das lange Webteil passt, und klebe ihn auf die Rückseite.

3. Klappe etwa 16 cm von deinem Webstück so um, dass der Filz innen liegt.

4. Jetzt tackerst du die seitlichen Ränder zusammen.

5. Flechte aus drei hellgrünen Kordeln von jeweils 150 cm einen Trageriemen. Um ihn zu befestigen, tackerst du die Enden innen an die Taschenklappe.

Impressum

Entwürfe und Realisation: Sybille Rogaczewski-Nogai
Fotos: Uli Glasemann
Steppfotos: Sybille Rogaczewski-Nogai
Styling: Elke Reith
Zeichnungen: Annette Gack
Illustrationen Lissi und Lukas: Corina Beurenmeister
Redaktion: Angelika Klein
Lektorat: Regina Sidabras
Satz und Layout: GrafikwerkFreiburg
Umschlaggestaltung: Yvonne Rangnitt-Voigt
Reproduktion: Meyle + Müller GmbH + Co. KG
Druck und Verarbeitung: Polygraf Print, Slowakei
ISBN 978-3-8410-6015-0
Art.-Nr. OZ6015

9. Auflage 2016

Hersteller

Garne:

Coats GmbH, Kenzingen (D), www.coatsgmbh.de

Coats Harlander GmbH (A), Wien, www.coatscrafts.at

Coats Stroppel AG, Turgi (CH), www.coatscrafts.ch

Junghans Wollversand GmbH & Co. KG, Aachen, www.junghans-wolle.de

Lana Grossa GmbH, Gaimersheim, www.lanagrossa.de

Lang Yarns, Korschenbroich, www.langyarns.ch

ONline Klaus Koch GmbH, Stadtallendorf, www.online-garne.de

Schoeller + Stahl, Süssen, www.schoeller-und-stahl.de

Webrahmen und Zubehör:

Butinette Textilversandhaus GmbH, Wertingen www.basteln-de.butinette.com

KnorrPrandell GmbH, Lichtenfels www.guetermann.com

Prym Consumer GmbH, Stollberg, www.prym-consumer.de

Rayher Hobby GmbH, Laupheim www.rayher-hobby.de

Kreativ-Service

Sie haben Fragen zu den Büchern und Materialien? Frau Erika Noll ist für Sie da und berät Sie rund um alle Kreativthemen. Rufen Sie an! Wir interessieren uns auch für Ihre eigenen Ideen und Anregungen. Sie erreichen Frau Noll per E-Mail: **mail@kreativ-service.info** oder Tel.: **+49 (0) 5052 / 91 18 58**

Besuchen Sie uns im Internet: www.christophorus-verlag.de